Nossa Senhora Rosa Mística
Rainha da Paz

Elam de Almeida Pimentel

Nossa Senhora Rosa Mística
Rainha da Paz

Invocada nas horas de aflição

Novena e ladainha

Petrópolis

© 2010, Editora Vozes Ltda.
Rua Frei Luís, 100
25689-900 Petrópolis, RJ
www.vozes.com.br
Brasil

2ª edição, 2014.

1ª reimpressão, 2019.

Todos os direitos reservados. Nenhuma parte desta obra poderá ser reproduzida ou transmitida por qualquer forma e/ou quaisquer meios (eletrônico ou mecânico, incluindo fotocópia e gravação) ou arquivada em qualquer sistema ou banco de dados sem permissão escrita da editora.

CONSELHO EDITORIAL

Diretor
Gilberto Gonçalves Garcia

Editores
Aline dos Santos Carneiro
Edrian Josué Pasini
Marilac Loraine Oleniki
Welder Lancieri Marchini

Conselheiros
Francisco Morás
Ludovico Garmus
Teobaldo Heidemann
Volney J. Berkenbrock

Secretário executivo
João Batista Kreuch

Editoração: Leonardo A.R.T. dos Santos
Diagramação: AG.SR Desenv. Gráfico
Capa: Omar Santos

ISBN 978-85-326-2439-0

Editado conforme o novo acordo ortográfico.

Este livro foi composto e impresso pela Editora Vozes Ltda.

Sumário

1. Apresentação, 7
2. Histórico da devoção a Nossa Senhora Rosa Mística, 9
3. Novena de Nossa Senhora Rosa Mística, 12
    1º dia, 12
    2º dia, 14
    3º dia, 15
    4º dia, 17
    5º dia, 18
    6º dia, 19
    7º dia, 21
    8º dia, 22
    9º dia, 23

4. Oração a Nossa Senhora Rosa Mística, 26
5. Ladainha de Nossa Senhora Rosa Mística, 27
6. Terço das lágrimas de Maria Rosa Mística, 30

Apresentação

Nossa Senhora Rosa Mística é o nome atribuído a Maria, Mãe de Jesus, cuja imagem é marcada pela presença de três rosas no peito: uma branca, uma vermelha e uma dourada. Há relatos de aparições de Nossa Senhora Rosa Mística na Itália e no Brasil.

Nessas aparições, Nossa Senhora fala da vocação religiosa e da necessidade de oração para que os religiosos cumpram sua missão evangelizadora e sejam instrumentos do amor de Jesus. Mas ela pede, principalmente, orações pelo Brasil e pelas famílias.

Conta-se que a imagem da Rosa Mística, atualmente em peregrinação, seria marcada pelo fenômeno da lacrimação. Por isso, ficou conhecida popularmente como a Nossa Senhora que chora sangue. Os videntes afirmam sentir aroma de rosas nos locais das aparições e apresentam estigmas pelo corpo.

Este livrinho contém o histórico da devoção a Nossa Senhora Rosa Mística, a novena, a oração, a ladainha e o terço a ela dedicados. Apresenta também breves passagens dos salmos e dos evangelhos, seguidas de uma oração para o pedido da graça especial, acompanhada de um Pai-nosso, uma Ave-Maria e um Glória-ao-Pai.

2

HISTÓRICO DA DEVOÇÃO A NOSSA SENHORA ROSA MÍSTICA

Em Fontanelle, vilarejo da cidade Montichiari, na Itália, em torno de 1946, Nossa Senhora apareceu para uma enfermeira chamada Pierina Gilli. Na visão da enfermeira, Nossa Senhora trajava uma túnica púrpura e um véu branco. Em seu peito, três espadas cravavam o coração e seu rosto demonstrava profunda tristeza. Nossa Senhora disse à enfermeira: "Oração, penitência e expiação".

Na segunda aparição havia três rosas onde estavam as espadas: uma branca, uma rosa e uma dourada. Ela pediu oração pelos sacerdotes.

Pierina teve outras "visões" com Nossa Senhora e ela sempre pedia oração, penitência, cuidado para com as instituições religiosas e as vocações sacerdotais. Em uma das aparições, a Virgem manifestou o desejo de ser venerada como Nossa Senhora Rosa Mística, decretando que o dia 13 de julho fosse dedicado a ela. Decretou que o meio-dia do dia 8 de dezembro, festa da Imaculada Conceição, fosse considerado como a "hora da graça universal". Foram várias as mensagens recebidas por Pierina neste primeiro período das aparições, ficando, em seguida, 13 anos sem receber novas mensagens.

Em 1960, Nossa Senhora Rosa Mística volta a se manifestar e, em 14 de abril de 1966, ela diz: "Meu divino filho Jesus Cristo envia-me mais uma vez sobre a terra de Montichiari, a fim de levar muitas graças para toda a humanidade. A fonte deste local se tornará milagrosa. A partir deste domingo (17 de abril), os doentes devem ser levados até esta fonte e você deverá, em primeiro lugar, oferecer esta água para que bebam e, em seguida, lavar as suas chagas. De agora em diante, essa será sua nova missão, seu apostolado. Você não será mais afastada da comunidade".

Desde então, Nossa Senhora apareceu muitas vezes, fazendo grandes pedidos à enfermeira Pierina. Em 23 de novembro de 1975, Nossa Senhora fala que suas imagens deveriam ser "bentas" em Fontanelle e remetidas ao mundo. Pede orações pela família e pelo Brasil.

No Brasil, em 12 de fevereiro de 1988, Nossa Senhora se manifestou-se quase que diariamente em São José dos Pinhais (Paraná), com o título de Rosa Mística – Rainha da Paz, a Alceu Paz Martins Júnior e Eduardo Ferreira, na Chácara Arca da Aliança.

Em 1999, o Arcanjo Gabriel revelou aos dois rapazes que, em São José dos Pinhais, colocaria nas mãos da imagem de Nossa Senhora Mística uma Hóstia consagrada. Segundo a tradição, em 31 de dezembro de 2000, durante uma missa celebrada no local das aparições, diante de 17 testemunhas, este milagre aconteceu.

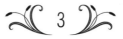

Novena de Nossa Senhora Rosa Mística

1º dia

Iniciemos com fé este primeiro dia de nossa novena, invocando a Santíssima Trindade: Em nome do Pai e do Filho e do Espírito Santo. Amém.

Leitura do Evangelho: Lc 24,44-49

> [...] Depois lhes disse: "Isto é o que vos dizia enquanto ainda estava convosco: é preciso que se cumpra tudo o que está escrito na Lei de Moisés, nos Profetas e nos Salmos a meu respeito". Então Jesus abriu-lhes a inteligência para compreenderem as Escrituras e lhes disse: "Assim estava escrito que o Cristo haveria de sofrer e ao terceiro dia ressuscitar

dos mortos e, começando por Jerusalém, em seu nome seria pregada a todas as nações a conversão para o perdão dos pecados. Vós sois testemunhas disso. Eu vos mandarei aquele que meu Pai prometeu. Por isso, permanecei na cidade até que sejais revestidos da força do alto".

Reflexão
O Evangelista Lucas refere-se ao aparecimento de Jesus para os apóstolos que se assustaram, achando que estavam vendo um fantasma. Jesus diz que sua paixão e ressurreição estavam previstas no plano divino para que, em seu nome, se pregassem a todos a penitência e a remissão dos pecados. E essa também é a intenção de Nossa Senhora Rosa Mística, que propaguemos com fé os ensinamentos de Jesus.

Oração
Nossa Senhora Rosa Mística, ajudai-me a propagar cada vez mais os ensinamentos de vosso amado Filho. Volvei-me com

vosso consolo, ajudando-me nesta hora de aflição... (falar a graça que se pretende alcançar).

Pai-nosso.
Ave-Maria.
Glória-ao-Pai.
Nossa Senhora Rosa Mística, intercedei por nós.

2º dia

Iniciemos com fé este segundo dia de nossa novena, invocando a presença da Santíssima Trindade: Em nome do Pai e do Filho e do Espírito Santo. Amém.

Leitura do Evangelho: Jo 14,13-14

> O que pedirdes em meu nome eu o farei, para que o Pai seja glorificado no Filho. Se pedirdes alguma coisa em meu nome, eu o farei.

Reflexão

Com esta passagem do Evangelho de João, estamos diante do mistério da Encarnação. Vamos ver no nascimento de Jesus toda a glória e poder de Deus. Em nossos momentos de oração, entreguemos nossos problemas, aflições nas mãos de Nossa Senhora, Mãe de Jesus, Filho de Deus, e teremos paz em nossos corações.

Oração
Maria, Rosa Mística, em vossas mãos entrego minhas angústias. Socorrei-me nesta difícil fase que estou passando em minha vida... (falar a aflição que se pretende superar).
Pai-nosso.
Ave-Maria.
Glória-ao-Pai.
Nossa Senhora Rosa Mística, intercedei por nós.

3º dia
Iniciemos com fé este terceiro dia de nossa novena, invocando a presença da Santíssima Trindade: Em nome do Pai e do Filho e do Espírito Santo. Amém.

Leitura do Evangelho: Mt 11,28-30

Vinde a mim vós todos, que estais cansados e sobrecarregados, e eu vos darei descanso. Tomai sobre vós o meu jugo e aprendei de mim que sou manso e humilde de coração, e achareis descanso para vossas almas. Pois meu jugo é suave e meu peso é leve.

Reflexão

Nossa vida está em Deus. E a vida se expressa no amor, no amor de Jesus por nós, que revitaliza nosso corpo e nosso espírito. Ele nos oferece o alívio para as preocupações e angústias. Para isso basta entregar nossa vida a Ele.

Oração

Nossa Senhora Rosa Mística, que todas as pessoas possam experimentar o amor de vosso amado Filho Jesus. Hoje entrego minha vida nas mãos de Jesus e em vossas mãos. Atendei, ó Rosa Mística, o pedido especial que faço nesta novena... (fazer o pedido).

Pai-nosso.
Ave-Maria.
Glória-ao-Pai.
Nossa Senhora Rosa Mística, intercedei por nós.

4º dia

Iniciemos com fé este quarto dia de nossa novena, invocando a presença da Santíssima Trindade: Em nome do Pai e do Filho e do Espírito Santo. Amém.

Leitura do Evangelho: Jo 15,7

> Se permanecerdes em mim e minhas palavras permanecerem em vós, pedireis tudo o que quiserdes, e vos será dado.

Reflexão

Permanecemos em Deus quando seguimos seus ensinamentos, suas palavras. Amar a Deus significa seguir seus mandamentos e, assim agindo, podemos pedir tudo a Deus na certeza de que, na hora certa, seremos atendidos.

Oração

Maria, Rosa Mística, ajudai-me a estar sempre no caminho indicado por Jesus. Concedei-me a graça de que, no momento, tanto necessito... (falar a graça que se deseja alcançar).

Pai-nosso.
Ave-Maria.
Glória-ao-Pai.
Nossa Senhora Rosa Mística, intercedei por nós.

5º dia

Iniciemos com fé este quinto dia de nossa novena, invocando a presença da Santíssima Trindade: Em nome do Pai e do Filho e do Espírito Santo. Amém.

Leitura do Evangelho: Jo 8,11

> [...] Vai, e de agora em diante não peques.

Reflexão

Esta passagem do Evangelho de João trata do perdão dado por Jesus à mulher adúltera. Ele a perdoou, dando uma oportunidade para que ela começasse de novo. Todos temos a oportunidade de recomeço, basta decidir por uma nova caminhada conforme os ensinamentos e o amor de Jesus.

Oração
Nossa Senhora Rosa Mística, Rainha da Paz, intercedei junto a vosso Filho, dando-me força para tomar a decisão de enfrentar uma nova caminhada e ajudai-me a obter a graça que a vós suplico... (pede-se a graça).
Pai-nosso.
Ave-Maria.
Glória-ao-Pai.
Nossa Senhora Rosa Mística, intercedei por nós.

6º Dia

Iniciemos com fé este sexto dia de nossa novena, invocando a presença da Santíssima Trindade: Em nome do Pai e do Filho e do Espírito Santo. Amém.

Leitura do Evangelho: Mc 2,17

[...] Não são os que têm saúde que precisam de médico, e sim os enfermos. Não vim chamar os justos, mas os pecadores.

Reflexão

Todos precisamos da presença divina em nossas vidas, mas os enfermos e os pecadores são os que mais necessitam. Todos nós somos convidados a deixar nossos problemas ao pé da cruz e confiar nele.

Oração

Nossa Senhora Rosa Mística, Mãe da misericórdia, dai-me uma fé forte em vós e em vosso Filho. Ajudai-me a entregar minha vida, por vós, a Ele, e intercedei para que alcance a graça de que tanto necessito... (pede-se a graça a ser alcançada).

Pai-nosso.

Ave-Maria.

Glória-ao-Pai.

Nossa Senhora Rosa Mística, intercedei por nós.

7º dia

Iniciemos com fé este sétimo dia de nossa novena, invocando a presença da Santíssima Trindade: Em nome do Pai e do Filho e do Espírito Santo. Amém.

Leitura Bíblica: Sl 25,4-5

> Revela-me, Senhor, teus caminhos, ensina-me tuas veredas!
>
> Dirige-me no caminho por tua verdade e me ensina, porque tu és o Deus de minha salvação, e em ti espero todo o dia.

Reflexão

Este salmo é expressão de confiança e entrega total a Deus. Frequentemente, sentimos que não podemos suportar as provações sozinhos, mas Deus conhece estas dificuldades antes mesmo de as manifestarmos. A certeza disso sempre nos aumenta a esperança.

Oração

Nossa Senhora Rosa Mística, eu vos agradeço pelo amor incondicional de vosso

Filho pela humanidade. Eu vos peço que me ensineis a ver cada dia como uma dádiva de Deus. Peço-vos também a graça de que tanto necessito... (falar o que se quer alcançar).

Pai-nosso.
Ave-Maria.
Glória-ao-Pai.
Nossa Senhora Rosa Mística, intercedei por nós.

8º dia

Iniciemos com fé este oitavo dia de nossa novena, invocando a presença da Santíssima Trindade: Em nome do Pai e do Filho e do Espírito Santo. Amém.

Leitura Bíblica: Sl 46,2

> Deus é para nós refúgio e força, um auxílio sempre disponível na angústia.

Reflexão

Deus não nos causa tristezas, angústias. Ele não nos abandona. Ele é nosso conforto, consolo, refúgio e força. Busquemos sempre auxílio nele para superar nossas dores.

Oração
Nossa Senhora Rosa Mística, auxiliai-me a ter firmes alicerces em minha fé em Deus e em vós. Concedei-me vossa constante proteção e ajudai-me a alcançar a graça que a vós suplico... (falar a graça que se deseja alcançar).

Pai-nosso.
Ave-Maria.
Glória-ao-Pai.
Nossa Senhora Rosa Mística, intercedei por nós.

9º dia
Iniciemos com fé este nono dia de nossa novena, invocando a presença da Santíssima Trindade: Em nome do Pai e do Filho e do Espírito Santo. Amém.

Nossa Senhora Rosa Mística, nós vos pedimos:
Que nos tornemos fiéis a vós e alegres portadores da paz por vós anunciada.

Pelos peregrinos que visitam vosso santuário.
Por todos que percorrem o caminho da conversão e oração.
Pelas instituições religiosas.
Pelas vocações sacerdotais.
Pelos videntes que receberam vossas mensagens.
Que nos ajudeis a estar sempre no caminho do bem, da verdade, da justiça, da paz, da caridade e da esperança.
Que nos ajudeis a crer na Mensagem de Jesus e em vossas mensagens.
Que nos ajudeis na luta pelo bem-estar de todos.
Que nos ajudeis a perdoar e a reconciliar.

Nossa Senhora Rosa Mística, neste último dia de nossa novena, nós vos agradecemos:
Por vossas aparições na Itália e no Brasil.
Por nos terdes indicado o caminho da salvação.
Por mostrardes em vossas mensagens que a oração é uma relação de aliança

entre Deus e o homem em Cristo, por isso a importância de se orar constantemente.

Por todas as graças por nós alcançadas ou a serem alcançadas.

Oração
Rosa Mística, em honra de vosso divino Filho, prostramo-nos diante de vós, implorando a misericórdia de Deus na concessão da graça... (falar a graça que se deseja alcançar) com a certeza de que haveis de nos atender. Amém.

Pai-nosso.

Ave-Maria.

Glória-ao-Pai.

Nossa Senhora Rosa Mística, intercedei por nós.

Oração a Nossa Senhora Rosa Mística

Rosa Mística, virgem imaculada, Mãe da graça.

Ajoelhamo-nos diante de vós, implorando a misericórdia de Deus.

Nós vos pedimos que concedais ao mundo paz, proteção e graça.

Maria, Rosa Mística, rogai por nós.

LADAINHA DE NOSSA SENHORA ROSA MÍSTICA

Senhor, tende piedade de nós.
Jesus Cristo, tende piedade de nós.
Senhor, tende piedade de nós.

Jesus Cristo, ouvi-nos.
Jesus Cristo, atendei-nos.

Pai Celeste, que sois Deus, tende piedade de nós.
Deus Filho, Redentor do mundo, tende piedade de nós.
Deus Espírito Santo, tende piedade de nós.
Santíssima Trindade, que sois um só Deus, tende piedade de nós.

Santa Maria, rogai por nós.
Nossa Senhora Rosa Mística, rogai por nós.
Nossa Senhora Rosa Mística, Mãe de Deus, rogai por nós.

Nossa Senhora Rosa Mística, Mãe de Jesus Cristo, rogai por nós.
Nossa Senhora Rosa Mística, Mãe da divina graça, rogai por nós.
Nossa Senhora Rosa Mística, Mãe santíssima, rogai por nós.
Nossa Senhora Rosa Mística, Mãe da misericórdia, rogai por nós.
Nossa Senhora Rosa Mística, Mãe nossa, rogai por nós.
Nossa Senhora Rosa Mística, Mãe da Igreja, rogai por nós.
Nossa Senhora Rosa Mística, Mãe querida, rogai por nós.
Nossa Senhora Rosa Mística, Mãe da vida, rogai por nós.
Nossa Senhora Rosa Mística, Rainha da paz, rogai por nós.
Nossa Senhora Rosa Mística, Rainha do santo rosário, rogai por nós.
Nossa Senhora Rosa Mística, Rainha dos apóstolos, rogai por nós.
Nossa Senhora Rosa Mística, protetora dos religiosos e das instituições religiosas, rogai por nós.
Nossa Senhora Rosa Mística, auxiliadora nos momentos de aflição, rogai por nós.
Nossa Senhora Rosa Mística, Mãe da esperança, rogai por nós.

Nossa Senhora Rosa Mística, rainha do céu, rogai por nós.

Cordeiro de Deus, que tirais o pecado do mundo, perdoai-nos, Senhor.
Cordeiro de Deus, que tirais o pecado do mundo, ouvi-nos, Senhor.
Cordeiro de Deus, que tirais o pecado do mundo, tende piedade de nós.

Jesus Cristo, ouvi-nos.
Jesus Cristo, atendei-nos.

Rogai por nós, Nossa Senhora Rosa Mística,
Para que sejamos dignos das promessas de Cristo.

Terço das lágrimas de Maria Rosa Mística

(Para ser rezado todos os dias e distribuído em obtenção da paz.)

Na cruz, reza-se:

"Jesus crucificado! Ajoelhados aos vossos pés, nós vos oferecemos as lágrimas de sangue daquela que vos acompanhou no vosso caminho sofredor da cruz, com imenso amor participante.

Fazei, ó bom Mestre, com que apreciemos as lições que nos dão as lágrimas de sangue da vossa Mãe Santíssima, a fim de que cumpramos a vossa santíssima vontade aqui na terra, de tal modo que sejamos dignos de louvar-vos no céu por toda a eternidade. Amém."

Em vez do Pai-nosso, reza-se sete vezes:
"Ó Jesus, olhai para as lágrimas de sangue daquela que mais vos amou no mundo e vos ama mais intensamente no céu".

Em vez da Ave-Maria, reza-se sete vezes:
"Ó Jesus, atendei as nossas súplicas em virtude das lágrimas de sangue da vossa Mãe Santíssima."

Ao terminar o terço, repete-se três vezes:
"Ó Jesus, olhai para as lágrimas de sangue daquela que mais vos amou no mundo e vos ama mais intensamente no céu."

Após as três últimas invocações, reza-se:
"Ó Maria, Mãe de amor, das dores e de misericórdia, nós vos suplicamos: uni as vossas súplicas às nossas a fim de que Jesus, vosso divino Filho, a quem nos dirigimos, em nome das vossas maternais lágrimas de sangue, atenda às nossas súplicas e se digne conceder-nos as graças pelas quais vos suplicamos... (pedir as graças a serem alcança-

das). Que as vossas lágrimas de sangue, ó Mãe de Deus, destruam as forças malignas.

Pela vossa mansidão divina, ó Jesus crucificado, preservai o mundo da perda ameaçadora."